그레이스 호퍼

그레이스 호퍼

박주혜 글 이해정 그림

비룡소

캄캄한 밤하늘이 환하게 물들었어요. 번쩍이는 빛이 하늘을 가르고 있었지요. 빛줄기를 따라 까만 밤하늘에 콕콕 박힌 작은 별들이 모습을 드러냈어요. 아이는 하늘에서 눈을 뗄 줄 몰랐어요.

"저기 하늘에 핼리 혜성 보이지? 핼리 혜성은 태양 주위를 빙글빙글 돌아. 그래서 우리 눈에 잘 보이는 거란다. 이 혜성이 한 바퀴를 돌아서 다시 지구로 오는 데 얼마나 걸리는 줄 아니?"

아빠가 아이의 머리를 쓰다듬으며 물었어요.

"하루요?"
아이는 초롱초롱한 눈빛이었어요.
"그보다 훨씬 오래 걸린단다. 76년이 걸리지."
"76년이 얼마큼이에요?"
"우리 그레이스가 지금 네 살이니, 여든 살 할머니가 되면 다시 핼리 혜성을 볼 수 있겠구나."
'그레이스'라고 불린 아이는 입을 쩍 벌리고 하늘을 바라보았어요. 사랑스러운 눈빛으로 그레이스를 보던 아빠도 이내 하늘을 바라보았지요. 환한 빛이 두 사람을 비춰 주었어요.

그레이스는 1906년 미국 뉴욕에서 태어났어요. 보험 일을 하는 아빠와 수학을 좋아하는 엄마를 둔 사랑스러운 아기였지요.

그레이스는 어릴 때부터 호기심이 많았어요. 특히 기계가 어떻게 움직이는지 무척 궁금해했지요.

그레이스가 일곱 살 때였어요.
'어떻게 시계는 시간을 한 번도 틀리지 않을까?'
그레이스는 궁금한 마음에 탁상시계의 나사를 풀기 시작했어요. 뚜껑을 열자마자 시계 안에서 스프링 하나가 튀어나왔지요. 시계를 마구 흔들자, 이번에는 크기가 다른 톱니바퀴들이 투두둑 떨어졌어요.
잘 움직이던 시계는 멈추었지요.

'톱니바퀴를 어떻게 맞춰야 시계가 다시 움직일까?'

고민하던 그레이스는 다른 방에 있던 시계를 모두 가져왔어요. 다른 시계에서 뺀 부품들을 탁상시계 안에 끼워 넣었지요. 하지만 시계는 여전히 움직이지 않았어요.

그레이스가 일곱 번째로 탁상시계를 열어 분해하고 있을 때였어요.

"어머! 온 집안의 시계가 마법같이 사라졌잖아? 혹시……."

시계를 찾아다니던 엄마가 그레이스의 방문을 열었어요.

"엄마, 시계 안쪽이 모두 똑같이 생겼어요!"
그레이스가 해맑게 웃으며 말했어요.
"세상에, 그레이스! 아주 멋진 발견이네. 더 이상 움직이지 않는 시계에겐 슬픈 일이지만 말이야."
엄마는 그레이스의 머리칼을 장난스레 흩트렸어요.

얼마 뒤, 그레이스는 복잡한 설계도를 보고 인형의 집을 만들었어요. 그런데 인형의 집에 문제가 하나 있었어요. 위층으로 올라갈 계단이 없는 거예요.

"집을 다 만들었는데, 위로 올라갈 수 없다니!"

심각한 표정을 짓던 그레이스는 금세 장난꾸러기처럼 웃었지요. 어떻게 하면 문제를 해결할지 알 것 같았거든요.

그레이스는 조립 상자를 펼쳤어요. 상자에는 평소 분해하고 조립하는 것을 좋아하는 그레이스가 모아 둔 부품이 잔뜩 들어 있었어요.

"복잡한 건 별로야. 인형이 꼭대기 층으로 간단하게 올라가려면……. 좋았어!"

잠시 고민하던 그레이스는 부품을 써서 뚝딱뚝딱 무언가를 만들기 시작했어요.

곧 인형의 집에는 멋진 엘리베이터가 생겼지요.

그레이스가 학교에 다니며 대학 입학을 준비하던 때의 일이에요.

"그레이스! 어디 가니?"

"나? 공부하러 가지!"

친구의 물음에 그레이스는 씩씩하게 대답했어요.

"열심히 공부해서 뭐하려고? 남자들이나 그렇게 공부하는 거야."

그레이스는 머리를 긁적였어요. 하지만 그런 말에 기죽진 않았지요. 1920년 무렵에는 공부를 많이 해도 여자들이 전문적인 직업을 갖기 힘들었어요. 다들 그것이 당연하다고 생각했지요.

그레이스의 부모님은 달랐어요. 그레이스의 끊임없는 호기심을 채워 주기 위해 적극적으로 노력했어요. 자라면서 그레이스는 수학과 과학을 특히 좋아하게 되었지요.

그레이스는 공부를 무척 잘해서 고등학교를 2년이나 일찍 마쳤어요. 열여섯 살에 뉴욕주에 있는 바사르 대학교에 지원했지요. 바사르 대학교는 미국에서 여성도 학위를 받을 수 있는 곳이었거든요.

하지만 안타깝게도 그레이스는 입학시험에 떨어지고 말았어요. 유럽의 옛말인 라틴어 과목 때문이었어요. 그레이스는 수학이나 과학은 좋아했지만 언어를 무척 어려워했지요.

'시험에 떨어져 속상하지만, 못하는 것도 있는 거 아니겠어? 더 잘하기 위해 노력하면 되는 거야! 열심히 하면 분명히 해낼 수 있을 거야.'

그레이스는 다시 학교에 다니면서 라틴어를 열심히 공부했어요. 그리고 열일곱 살에 다시 도전해 바사르 대학교에 들어갔지요.

바사르 대학교에서 그레이스는 수학과 물리학을 공부했어요. 특히 수학을 좋아했지요. 수학책을 보거나 문제를 풀 때면 재미있어서 시간 가는 줄도 몰랐어요.

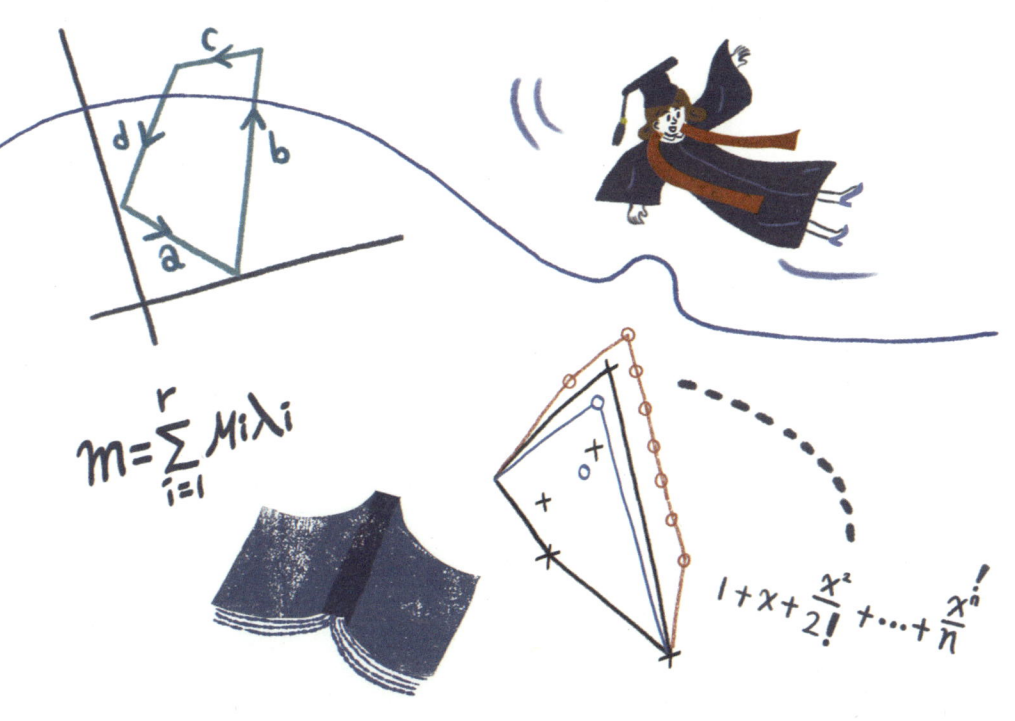

'이렇게 계속 공부해서 학자가 되는 건 어떨까?'

그레이스는 예일 대학교에 가서 공부를 좀 더 하기로 결심했어요. 그곳에서 신나게 연구하고, 열심히 논문을 썼지요. 결국 예일 대학교에서 수학을 공부하여 석사와 박사 학위를 받았어요.

그레이스는 열심히 공부하던 중, 영문학을 공부하는 남자 빈센트 호퍼를 만나게 되었어요. 둘은 비슷한 점이 많았고, 대화가 잘 통했어요. 사랑에 빠진 두 사람은 얼마 후 결혼을 했지요. 이때부터 그레이스는 '그레이스 호퍼'라는 이름을 쓰기 시작했어요.

　그레이스는 자신이 졸업한 바사르 대학교에서 학생들을 가르치게 되었어요. 수학이란 어려운 계산이 아니라 삶 속에서 다양하게 쓸 수 있는 지식이라는 것을 알려 주려 했지요.

　"여러분, 빨래 건조대는 햇빛이 가장 많이 드는 곳에 두는 게 좋겠지요? 그렇다면 해가 움직이는 순간과 공간의 각도를 살피면 돼요. 그뿐 아니라 우리가 라디오 채널을 맞춰 듣고, 친구와 정확한 시간에 약속을 잡을 수 있는 것도 모두 수학 덕분이랍니다."

동료 교수들은 그레이스의 수업을 싫어했어요.
"도대체 왜 그런 걸 가르치는 거죠? 그건 수학이 아니잖아요. 틀린 거라고요."
지금껏 해 오던 교육 방법과 달랐지만 그레이스는 자신의 생각이 옳다고 믿었어요.

동료들의 생각과 다르게, 학생 사이에서 그레이스의 수업은 점점 인기가 많아졌어요. 소문을 듣고 수학과 뿐 아니라 다양한 학과에서 학생들이 수업을 들으러 왔어요. 그레이스의 수업을 들으며 학생들은 수학의 재미를 깨달았지요.

1941년 12월 7일이었어요. 유럽과 아시아에서는 더 많은 땅을 차지하려는 나라들 때문에 전쟁이 벌어지고 있었어요. 바다 건너 미국은 아직 다툼에 휘말리지 않았지요.

그레이스와 남편이 책상에 앉아 함께 공부를 하고 있었어요. 그런데 갑자기 지지직 지지직 라디오 잡음이 끼어들더니, 아나운서의 목소리가 들렸어요.

"속보를 말씀드립니다. 오늘 오전, 일본의 기습 공격으로 하와이의 진주만에 있는 미국인 수천 명이 사망하거나 다쳤습니다. 군함과 비행기가 파괴되는 등 태평양 함대(태평양을 중심으로 군함, 항공기 등과 함께 임무를 수행하는 해군 조직)의 상당 부분이 바닷속으로 가라앉았습니다."

손가락 사이로 펜을 돌리던 그레이스는 멈칫했어요.

"맙소사, 일본이 우리를 공격해 수많은 사람들이 죽은 거예요? 미국도 전쟁을 하게 될까요?"

그레이스의 걱정은 곧 현실이 되었어요.

미국이 제2차 세계 대전에 뛰어들자 사람들은 평소처럼 생활할 수 없었어요. 전쟁터에서 죽지 않기 위해 피하려는 사람도 있었고, 이럴 때일수록 나라를 위해 나서야 한다는 사람도 있었지요.
　그레이스도 나라를 위해 일해야 한다고 생각했어요. 그래서 군인이 되기로 마음먹고 해군을 찾아갔지요. 평소 그레이스가 존경하던 증조할아버지도 해군이었거든요.

그러나 그레이스는 여성이라는 이유로 입대할 수 없었어요. 그래도 포기하지 않았지요. 앞서 군대에 들어간 남편과 남동생처럼 자신도 나라를 위해 충분히 일할 수 있다고 생각했어요.

미국은 점점 많은 군인이 필요했어요. 하지만 군인이 될 수 있는 남성이 별로 남아 있지 않았지요. 해군에서 비상시 활동할 수 있는 여성 군인을 뽑기 시작했어요.

그레이스가 지원했지만, 또다시 해군은 그레이스를 받아들이지 않았어요.

"안 됩니다. 나이가 많고, 몸무게는 너무 적어요."

"그래서 저는 군인이 될 수 없다는 말인가요? 저도 충분히 일할 수 있어요! 위기에 빠진 나라를 위해 무엇이든 하고 싶은 마음이 가장 중요하지 않나요?"

그레이스의 열정적인 말에 해군은 더 이상 반대할 수 없었어요.

마침내 그레이스는 장교 후보생으로 군대에 들어갔어요. 지금까지 해군을 뽑는 기준을 그레이스가 바꾼 거예요. 적극적으로 싸워서 얻어 내지 않았다면 일어나지 않을 일이었어요.

군대는 그레이스에게 딱 맞는 곳이었어요. 군대에서는 아무것도 결정할 필요가 없었거든요. 어떤 옷을 입어야 할지, 밥은 무엇을 먹어야 할지, 무슨 일을 해야 할지 다 정해져 있었어요. 일상이 간결해지자 그레이스는 무척 자유로웠지요. 그레이스는 장교 후보생 중 일등으로 훈련을 마쳤어요.

　모든 훈련이 끝난 군인은 새로운 곳에서 일하게 돼요. 그레이스는 자신이 어디서 일할지 궁금했어요.
　'나는 어디로 가게 될까? 통신사에서 일하려나? 적군의 통신 암호를 풀어내려면 수학이 꼭 필요하니까.'
　그레이스의 심장이 두근두근 뛰었어요.

"하버드 대학교로 가게."

"대학이요? 저는 군인인데요."

"그러니까 하버드 대학으로 가라는 걸세. 그곳에서 자네가 군인으로서 꼭 해야 할 일이 있다네."

해군은 그레이스가 수학과 교수였다는 사실을 높이 평가했어요. 그래서 관련된 일을 할 수 있는 곳으로 보냈지요. 바로 하버드 대학교의 계산 연구소였어요.

'군인이 되었는데도 또 대학에 왔네? 난 여기서 무슨 일을 해야 하는 걸까?'
그레이스는 일하게 될 건물로 조심스레 들어섰지요.
'이게 뭐지? 대포보다 훨씬 커!'
그레이스를 반긴 것은 거대한 기계였어요. 방 한쪽을 꽉 채웠고, 높이도 사람보다 더 컸어요. 너비도 무척 넓었고요. 꼭 땅 위에 있는 배 같았지요. 기계에서는 계속 철컥철컥 소리가 났어요.

"이 기계는 뭐죠?"

"사람 대신 자동으로 계산해 주는 기계입니다. 컴퓨터라고 하지요. 무기 설계나 군사 작전에 필요한 계산을 이 기계가 합니다. 사람보다 빠르니까요."

컴퓨터의 이름은 '마크원(마크Ⅰ)'이었어요. 덧셈, 뺄셈, 곱셈, 나눗셈뿐 아니라 더 복잡한 계산들도 척척 해냈지요.

그레이스의 눈빛이 반짝였어요. 머릿속을 복잡하게 만드는 계산을 대신해 준다니! 뭐든지 간단하게 만드는 것을 좋아하는 그레이스에게는 최고의 기계였지요.

문제는 마크원을 쓰기 위해 알아야 할 정보가 무척 많다는 것이었어요. 지금처럼 키보드나 마우스를 눌러서 간단하게 컴퓨터를 작동시킬 수 없었거든요. 그레이스는 어렸을 적 시계를 뜯어보던 호기심 어린 마음으로, 마크원을 구석구석 살피기 시작했어요.

'마크원 안에는 전기 부품이 76만 5천 개나 있구나.'

마크원을 작동시키기 위해서는 계산 명령을 담은 구멍 뚫은 카드가 필요했어요. 계산하라는 명령을 내릴 때마다 카드를 새로 만들어 입력해야 했지요. 또 기계의 연결선을 바꾸고, 손잡이와 스위치도 만져야 했어요.
　연구를 거듭한 그레이스는 여러 계산을 할 때, 마크원 컴퓨터를 어떻게 다루어야 하는지 쉽게 설명하는 책을 만들었어요.
　"잘했어, 그레이스! 대체 어디에 있다가 이제 나타난 거야!"
　그레이스의 상사인 에이컨이 신나서 말했어요.

그러나 모두가 그레이스를 반긴 것은 아니었어요. 남성만 가득한 해군 집단에 여성이 오자 불만을 가진 사람이 많았어요. 함께 일하는 몇몇 군인들은 대놓고 그레이스의 옆자리에 앉지 않으려고 했지요.

그레이스는 그런 일에 신경 쓸 여유가 없었어요. 계산해야 할 것이 쌓이고 쌓여 있었거든요.

"그레이스! 로켓을 발사하기에 알맞은 각도를 알려 주세요."

"지뢰를 만들기 위해 필요한 계산을 해 주세요!"

"원자 폭탄을 개발하는 데 이 계산이 필요해요."

마크원 컴퓨터로 해야 하는 계산은 끝이 없었어요. 계산마다 손잡이, 스위치, 연결선을 바꾸어 새롭게 명령을 입력해야 하기 때문에 그레이스도 덩달아 바빴어요. 그레이스는 수학뿐 아니라 컴퓨터 프로그래밍(컴퓨터에 명령을 내리는 프로그램을 만드는 일)에도 점점 익숙해졌어요.

그러는 사이 군대 때문에 떨어져 지내던 그레이스와 빈센트는 차츰 멀어졌어요. 제2차 세계 대전이 끝난 1945년에 결국 그레이스는 이혼을 했어요. 그래도 계속해서 남편의 성인 '호퍼'를 썼지요.

전쟁이 끝나면서 많은 군인들은 원래 자리로 돌아갔어요. 고향에 가서 하던 일을 했지요. 하지만 그레이스는 다시 학교로 돌아가 수학을 가르치고 싶지 않았어요. 컴퓨터가 무척 재미있었거든요. 그래서 군대에 계속 남아 컴퓨터를 다루는 연구원이 되기로 했어요.

늦은 여름날이었어요.

"그레이스! 컴퓨터가 갑자기 안 움직입니다!"

동료의 다급한 외침에 그레이스는 컴퓨터가 놓인 방으로 뛰어갔어요. 그 무렵에는 마크원보다 계산에 걸리는 시간이 훨씬 빨라진 '마크투(마크Ⅱ)'를 쓰고 있었어요. 컴퓨터는 정말 움직이지 않았어요.

"마크투야, 왜 그러는 거니?"

그레이스는 천천히 컴퓨터를 살피기 시작했어요. 손잡이, 연결선, 스위치 모든 것이 다 정상이었지요.

컴퓨터 내부를 살피던 그레이스가 씨익 웃으며 기계 안으로 손을 뻗었어요. 죽은 나방 한 마리가 끼어 있었지요. 기계 부품 사이에서 나방을 빼내자 마크투는 아무 일도 없었다는 듯 다시 움직였어요.

그레이스는 노트에 나방을 붙여 놓고, "실제로 버그(벌레)를 발견했다!"라

고 적어 두었지요.

　오래전부터 미국의 기술자들은 기계가 고장나면 우스갯소리로 '무슨 벌레가 들어갔나?'라고 말해 왔어요. 그런데 그레이스가 정말 기계를 멈추게 한 벌레를 발견한 거예요.

　이후로 사람들은 컴퓨터가 멈추는 프로그램 오류를 '버그'라고 불렀어요.

그레이스는 컴퓨터 프로그램을 계속 개발해 나갔어요. 시간이 지날수록, 컴퓨터가 세상의 모든 사람들에게 엄청난 도움을 줄 수 있을 거라는 확신이 들었지요.
'컴퓨터를 더 쉽게 다룰 수는 없을까? 그러면 군대뿐 아니라 더 많은 곳에서 컴퓨터를 쓸 수 있을 텐데…….'
그레이스는 회의실로 달려갔어요.
"우리 컴퓨터를 조금 쉽게 만들어 봐요!"

"그게 무슨 말이지요?"

그레이스의 들뜬 목소리에 동료들이 한 걸음 물러나 물었어요.

"지금은 컴퓨터를 쓰기가 너무 어려워요. 낯설고 복잡한 컴퓨터의 기계 언어를 공부해야만 명령을 내릴 수 있다고요! 컴퓨터를 사용하기 위해 알아야 할 게 너무 많지 않아요?"

그레이스가 흥분해서 두 팔을 마구 펼쳐 가며 말했어요.

"과정을 쉽게 바꾸는 거예요. 사람들이 컴퓨터의 기계 언어를 몰라도 컴퓨터를 쓸 수 있게 말이죠. 사람의 말을 컴퓨터의 기계 언어로 바꿔 주는 프로그램을 만들면 돼요!"

그레이스의 눈빛이 반짝였지요.

"그레이스, 그런 프로그램을 만들면 컴퓨터의 기계 언어를 알고 있는 우리가 할 일이 없어지잖아요."

"맞아요. 우리 같은 전문가가 있는데 그런 프로그램이 왜 필요하죠?"

동료들은 그레이스의 이야기를 더는 들을 필요가 없다는 듯 자리에서 일어났어요.

하지만 그레이스는 포기할 수 없었어요. 프로그램이 개발된 후, 바뀔 세상이 자꾸만 상상됐거든요.

"지금까지 해 오던 방법으로 계속 어렵고 복잡하게 컴퓨터를 작동시킬 필요는 없어요. 컴퓨터를 다루기가 쉬워지면 분명 더 많은 사람이 편하게 살아가는 데 도움이 될 거예요. 그게 우리가 가야 할 길 아닐까요?"

동료들을 붙잡아 보았지만, 소용없었어요. 그레이스는 마음을 단단히 먹었어요.

'동료들이 반대하더라도 어떻게든 이 프로그램을 세상에 내놓고 싶어. 우선 열심히 만들어서 완성하자!'

1952년, 그레이스는 세계 최초로 간단한 명령을 컴퓨터가 알아들을 수 있게 바꿔 주는 프로그램을 만들었어요. 그레이스는 이 기술을 '컴파일러'라고 불렀어요. 복잡하고 어려운 컴퓨터의 기계 언어를 몰라도 손쉽고 빠르게 컴퓨터를 쓸 수 있도록 하는 프로그램이었지요.

컴파일러 덕분에 다양한 곳에서 컴퓨터를 사용할 수 있게 되었어요.

"요즘 무척 바빠졌어요. 여기저기에서 컴퓨터를 쓰니, 자꾸만 우리를 부르지 뭐예요? 컴퓨터 사용법을 알려 달래요! 그레이스의 말이 맞았어요."

그레이스의 생각에 반대했던 동료들도 그레이스에게 고마워했어요. 힘이 난 그레이스는 동료들과 함께 연구하며 프로그램을 더욱 쓰기 좋게 만들기 위해 노력했지요.

어느 날 그레이스는 정부의 고민을 듣게 되었어요.
"이거 참, 곤란하군요. 정부 입장에서 특정 회사의 컴퓨터만 쓸 수도 없고 말이죠."

컴퓨터 산업이 발전하면서 컴퓨터를 만드는 여러 회사가 생겨났어요. 회사마다 자신들만의 프로그램을 만들었어요. 프로그램을 작동시키는 프로그래밍 언어도 서로 달랐지요. 그러면서 사람들이 컴퓨터를 사용해 일하는 것이 오히려 무척 힘들어졌어요.

"그럼 모든 컴퓨터에 공통으로 쓸 수 있는 프로그래밍 언어를 만들면 되겠네요."

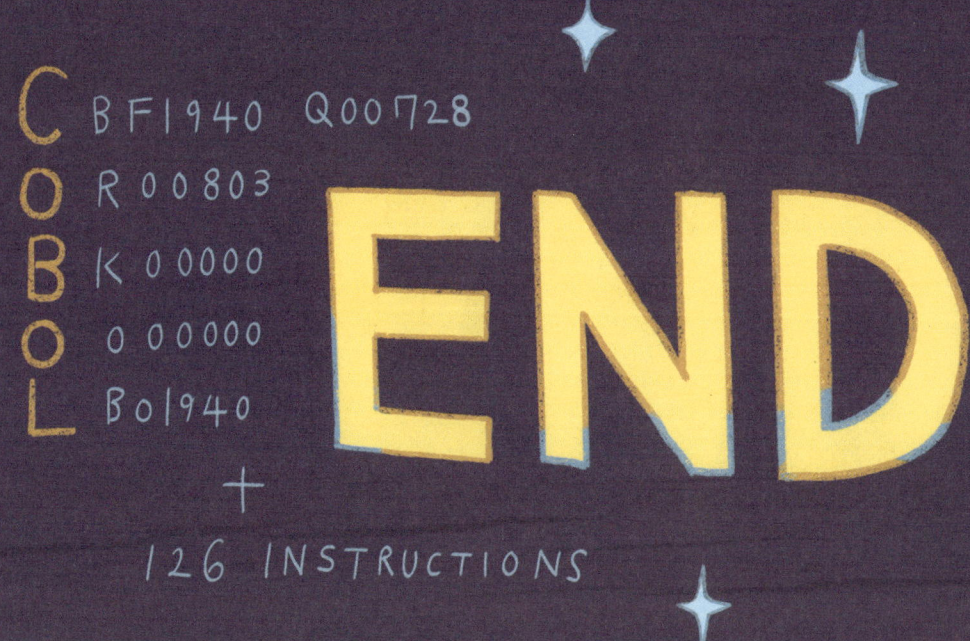

그레이스의 말에 정부 관계자는 고개를 갸웃거렸어요.
"어떻게 말이죠?"
"예를 들어, 어떤 컴퓨터든 끝이라는 뜻의 '이엔디(END)'를 입력하면 컴퓨터가 하던 일을 끝낼 수 있도록 하는 거예요. 영어를 기반으로 모든 컴퓨터가 쓰는 표준 언어를 만드는 거죠."

그레이스는 다른 컴퓨터 전문가들과 함께 모든 컴퓨터에서 공통으로 쓸 수 있는 프로그램을 만들었어요. 그 결과 1959년, '코볼(COBOL)'이라는 프로그래밍 언어가 탄생했지요.

코볼은 여러 회사와 가게에서 많은 정보를 처리하기 위해 널리 쓰였어요.

가게에서는 손님의 전화번호를 컴퓨터에 저장해 둔 후, 필요할 때 손쉽게 찾을 수 있게 되었어요. 물건이 얼마인지 빠르게 계산할 때도 컴퓨터를 썼지요.

회사는 직원들의 월급을 한꺼번에 계산해서 줄 수 있었어요. 사람들의 일하는 속도가 빨라졌지요. 그레이스 덕분에 본격적으로 컴퓨터의 시대가 열린 거예요.

1966년, 그레이스는 해군에서 은퇴하게 되었어요. 그러나 이후에도 중요한 일이 생기면 해군은 그레이스에게 도움을 요청했지요. 결국 그레이스는 일흔아홉 살까지 군인으로 일했어요.

1986년, 어느 날이었어요. 머리칼이 희끗하게 센 그레이스는 캄캄한 밤하늘을 바라보았어요.

그때 하늘을 가로지르는 번쩍이는 빛이 나타났어요. 빛줄기를 따라 까만 밤하늘에 콕콕 박힌 작은 별들이 모습을 드러냈어요. 그레이스는 하늘에서 눈을 뗄 줄 몰랐어요.

"아버지, 76년이 지나니 핼리 혜성이 태양을 한 바퀴 돌고 찾아왔네요. 그동안 정말 많은 일이 있었어요."

할머니가 되었지만, 그레이스는 여전히 초롱초롱한 눈빛이었어요.

얼마 뒤, 그레이스는 인기 있는 텔레비전 토크 쇼에 초대를 받았어요.

"그레이스 호퍼! 사람들에게 해 주고 싶은 이야기가 있나요?"

토크 쇼 진행자가 물었어요.

"살면서 가장 많이 들은 말은 안 된다는 거였어요. 지금까지 그렇게 한 적은 없다고요. 하지만 그런 말을 들을 때면 이상한 힘이 불끈 솟더라고요. 그때마다 제가 옳다고 생각한 것을 했습니다."

확신에 찬 표정으로 그레이스가 답했어요.

"이제는 제가 맞았다는 확신이 듭니다. 여러분, 자신의 배를 그냥 항구에 세워 놓지 마세요. 그러려고 배를 만들진 않았잖아요. 지금 바다로 나가세요. 그리고 새로운 일을 하세요."

그레이스는 1991년에 대통령으로부터 국가 기술 훈장을 받았어요. 미국에서 과학 기술 발전에 기여한 사람에게 주는 최고의 상이지요.

여든다섯 살까지도 그레이스는 컴퓨터 회사에 조언해 주는 일을 했어요. 그리고 1992년 1월 1일에 세상을 떠났지요. 그레이스는 워싱턴에 있는 알링턴 국립묘지에 묻혔어요.

사람들은 그레이스 호퍼의 이름을 딴 건물, 기념관 등을 만들었어요. 해군은 미사일을 단 특별한 군함에 추모의 의미를 담아 '호퍼'라는 이름을 붙였어요. 미국 사람들은 아직도 그레이스 호퍼를 '어메이징 그레이스'라고 부르며 기억하고 있지요.

♣ 사진으로 보는 그레이스 호퍼 이야기 ♣

1945년, 하버드 대학교에서 마크원을 연구하던 그레이스 호퍼예요. 서른여덟 살에 처음 컴퓨터 프로그래밍을 배웠지만 누구보다 실력이 뛰어났지요.

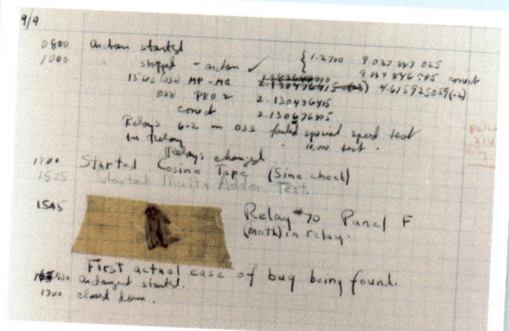

그레이스 호퍼는 '버그'라는 말을 만든 것으로 유명해요. 1947년 9월 9일, 컴퓨터를 멈추게 한 나방을 꺼내 노트에 붙이고 "실제로 버그(벌레)를 발견했다!"고 쓴 이후 모두가 프로그램 오류를 '버그'라고 부르기 시작했지요.

1960년, 그레이스 호퍼가 동료들과 함께 최초의 상업용 컴퓨터인 유니박 앞에 앉아 있어요. 그레이스는 유니박을 연구하며 세계 최초로 '컴파일러' 프로그램을 만들었지요.

1978년, 워싱턴에 있는 그레이스 호퍼의 사무실에서 찍은 사진이에요. 이때 '코볼'은 이미 전 세계에서 가장 많이 쓰이는 프로그래밍 언어가 되었지요.

1983년 로널드 레이건 대통령(왼쪽)과 함께 백악관에서 열린 기념식에 참석한 모습이에요. 이날 그레이스 호퍼는 계급장에 별을 달고 미국 최초의 여성 해군 장군이 되었어요.

2016년 5월 20일, 하와이 진주만을 출발하는 'USS 호퍼'를 찍은 사진이에요. 해군은 그레이스 호퍼의 공을 기려 군함에 그의 이름을 붙였어요.

♣ 그레이스 호퍼에 대해 더 궁금한 것들 ♣

그레이스가 컴파일러 프로그램을 처음 만들었다고요?

그레이스는 사람들이 컴퓨터를 쉽게 배우고 다룰 수 있어야 한다고 생각했어요. 그래서 1952년에 'A-0 컴파일러'를 만들었어요. 컴파일러는 사람이 입력한 명령을 컴퓨터의 기계 언어로 바꿔 주는 프로그램이었지요.

그레이스는 더 나아가 복잡한 숫자를 입력하는 대신 간단한 기호나 일상 언어로 컴퓨터에 명령을 내리는 방법을 연구했어요. 컴파일러 개념을 발전시켜 1958년에는 '플로매틱'을 세상에 내놓았지요. 이후 플로매틱을 기반으로 간단한 영어 지시문을 사용해 컴퓨터에 명령을 내리는 프로그래밍 언어 '코볼'이 탄생했어요. 덕분에 우리는 컴퓨터 전문가가 아니어도 일상 곳곳에서 컴퓨터를 쓸 수 있게 되었지요.

프로그래밍 언어 코볼을 지금도 쓰나요?

1959년, 프로그래밍 언어 '코볼'이 발표되었어요. 그레이스의 기술과 아이디어를 바탕으로 업계와 정부의 컴퓨터 전문가들이 모여 만들었지요. 코볼 이후로 정보를 한꺼번에 처리할 수 있는 사무용 프로그래밍 언어가 본격적으로 개발되기 시작했어요.

지금은 더 쉽고 간단한 프로그래밍 언어가 많아 굳이 코볼을 쓰지 않지만, 그 흔적은 여전히 남아 있어요. 우리가 자주 보는 현금 자동 입출금기의 프로그램은 대부분 코볼로 작성되었어요. 또한 교통 관리나 병원 정보 시스템 등 예전부터 사용해 온 중요한 프로그램도 여전히 코볼로 관리하고 있지요.

그레이스 호퍼 덕분에 컴퓨터 프로그래밍이 발전했다고요?

그레이스는 현대 컴퓨터 프로그래밍의 기틀을 마련한 사람이에요. 평생에 걸친 그의 노력 덕분에 프로그래밍은 점점 누구나 쉽게 접근할 수 있는 방향으로 발전했어요. 지금은 어린이들도 간단하게 코딩을 배워 프로그램을 만들 수 있지요.

그뿐 아니라 그레이스는 프로그래밍의 표준 시스템과 여러 관행을 세우기도 했어요. 프로그램 오류와 그 오류를 찾아 문제를 해결하는 것을 뜻하는 '버그'와 '디버깅'이라는 말도 그가 만들었지요. 프로그램을 관리할 때 다른 사람들이 과정을 파악할 수 있도록 설명을 달아 기록해 놓는 것도 그레이스가 시작했다고 해요.

함께 보면 쏙쏙 이해되는 역사

◆ **1906년**
미국 뉴욕에서 태어남.

◆ **1943년**
해군 장교 후보생으로 입대함.

◆ **1934년**
예일 대학교에서 박사 학위를 땀.

◆ **1944년**
하버드 대학교에서 컴퓨터 '마크원' 연구에 참여함.

1900   **1940**

● **1946년**
최초의 컴퓨터로 불리는 '에니악(ENIAC)'이 완성됨.

● **1947년**
전자 기계식 컴퓨터 '마크투'가 나옴.

◆ **1977년**
해군 데이터 자동화 본부에 배정됨.

◆ **1986년**
해군 준장으로 퇴역함.

1970   **1980**

● **1974년**
최초의 개인용 컴퓨터(PC)가 나옴.

● **1981년**
마이크로소프트에서 PC 운영 프로그램인 MS-DOS를 만듦.

● **1984년**
애플에서 아이콘과 마우스를 쓰는 매킨토시 컴퓨터가 출시됨.

◆ 그레이스 호퍼의 생애
● 컴퓨터 발전의 역사

◆ 1952년
A-0 컴파일러를 만듦.

◆ 1958년
플로매틱을 공개함.

◆ 1959년
프로그래밍 언어 '코볼'이 발표됨.

1950　　　　　　　　　　**1960**

● 1951년
상업용 컴퓨터 '유니박(UNIVAC)'이 미국 통계국에 설치됨.

● 1960년
현대 전자 기기의 기본 부품인 트랜지스터를 사용한 컴퓨터 'IBM 7030'이 출시됨.

◆ 1991년
부시 H. W. 대통령에게 국가 기술 훈장을 받음.

◆ 1992년
알링턴 국립묘지에 잠듦.

1990

● 1990년
세계 최초의 인터넷 웹사이트가 만들어짐.

● 사진 제공

58쪽(위 왼쪽)_미국 의회 도서관. 58쪽(위 오른쪽)_스미스소니언 협회/ 위키피디아.
58쪽(아래)_스미스소니언 협회. 59쪽(위 왼쪽)_Lynn Gilbert/ 위키피디아.
59쪽(위 오른쪽)_Pete Souza/ 위키피디아. 59쪽(아래)_Charles E. White.

글쓴이 박주혜

추계 예술 대학교 문예 창작과를 졸업하고, 한양 대학교 국어 국문학과에서 박사 학위를 받았다. 2012년 문화일보 신춘문예 동화 부문에 당선되면서 작가 활동을 시작했다. 『변신돼지』로 제6회 비룡소 문학상 대상을 받았다. 그동안 쓴 책으로 「출동, 고양이 요원 캣스코」 시리즈, 『슴뚜루뚱까라의 핫한 음식점』, 『모두의 안녕』, 『여덟 살은 울면 안 돼?』, 『힙합 독수리』, 『책가방 토끼』 등이 있다.

그린이 이해정

대학에서 시각 디자인을 전공하고, 오랜 시간 동안 어린이 책에 그림을 그리고 있다. 쓰고 그린 책으로 『어슬렁어슬렁 동네 관찰기』가 있고, 그린 책으로 『꽃 아주머니와 비밀의 방』, 『소녀와 소년, 멋진 사람이 되는 법』, 『여기는 집현전』, 『우리 도서관의 선구자 박봉석』, 『유럽에 찾아온 새바람 르네상스』 등이 있다.

새싹 인물전
068   그레이스 호퍼

1판 1쇄 찍음 2023년 8월 30일   1판 1쇄 펴냄 2023년 9월 15일

글쓴이 박주혜   그린이 이해정
펴낸이 박상희   편집장 전지선   편집 최미소, 최민정   디자인 김성령
펴낸곳 (주)비룡소   출판등록 1994.3.17. (제16-849호)
주소 06027 서울시 강남구 도산대로1길 62 강남출판문화센터 4층
전화 02)515-2000 팩스 02)515-2007   홈페이지 www.bir.co.kr
제품명 어린이용 각양장 도서   제조자명 (주)비룡소   제조국명 대한민국   사용연령 3세 이상

ⓒ 박주혜, 이해정, 2023. Printed in Seoul, Korea.

ISBN 978-89-491-2948-8 74990
ISBN 978-89-491-2880-1 (세트)

「새싹 인물전」 시리즈

001	최무선 김종렬 글 이경석 그림	031	유관순 유은실 글 곽성화 그림
002	안네 프랑크 해리엇 캐스터 글 헬레나 오웬 그림	032	알렉산더 벨 에마 피시엘 글 레슬리 뷔시커 그림
003	나운규 남찬숙 글 유승하 그림	033	윤봉길 김선희 글 김홍모·임소희 그림
004	마리 퀴리 캐런 월리스 글 닉 워드 그림	034	루이 브라유 테사 포터 글 헬레나 오웬 그림
005	유일한 임사라 글 김홍모·임소희 그림	035	정약용 김은미 글 홍선주 그림
006	윈스턴 처칠 해리엇 캐스터 글 린 윌리 그림	036	제임스 와트 니컬라 백스터 글 마틴 렘프리 그림
007	김홍도 유타루 글 김홍모 그림	037	장영실 유타루 글 이경석 그림
008	토머스 에디슨 캐런 월리스 글 피터 켄트 그림	038	마틴 루서 킹 베르나 윌킨스 글 린 윌리 그림
009	강감찬 한정기 글 이홍기 그림	039	허준 유타루 글 이홍기 그림
010	마하트마 간디 에마 피시엘 글 리처드 모건 그림	040	라이트 형제 김종렬 글 안희건 그림
011	세종 대왕 김선희 글 한지선 그림	041	박에스더 이은정 글 곽성화 그림
012	클레오파트라 해리엇 캐스터 글 리처드 모건 그림	042	주몽 김종렬 글 김홍모 그림
013	김구 김종렬 글 이경석 그림	043	광개토 대왕 김종렬 글 탁영호 그림
014	헨리 포드 피터 켄트 글·그림	044	박지원 김종광 글 백보현 그림
015	장보고 이옥수 글 원혜진 그림	045	허난설헌 김은미 글 유승하 그림
016	모차르트 해리엇 캐스터 글 피터 켄트 그림	046	링컨 이명랑 글 오승민 그림
017	선덕 여왕 남찬숙 글 한지선 그림	047	정주영 남경완 글 임소희 그림
018	헬렌 켈러 해리엇 캐스터 글 닉 워드 그림	048	이호왕 이영서 글 김홍모 그림
019	김정호 김선희 글 서영아 그림	049	어밀리아 에어하트 조경숙 글 원혜진 그림
020	로버트 스콧 에마 피시엘 글 데이브 맥타가트 그림	050	최은희 김혜연 글 한지선 그림
021	방정환 유타루 글 이경석 그림	051	주시경 이은정 글 김헤리 그림
022	나이팅게일 에마 피시엘 글 피터 켄트 그림	052	이태영 공지희 글 민은정 그림
023	신사임당 이옥수 글 변영미 그림	053	이순신 김종렬 글 백보현 그림
024	안데르센 에마 피시엘 글 닉 워드 그림	054	오드리 헵번 이은정 글 정진희 그림
025	김만덕 공지희 글 장차현실 그림	055	제인 구달 유은실 글 서영아 그림
026	셰익스피어 에마 피시엘 글 마틴 렘프리 그림	056	가브리엘 샤넬 김선희 글 민은정 그림
027	안중근 남찬숙 글 곽성화 그림	057	장 앙리 파브르 유타루 글 하민석 그림
028	카이사르 에마 피시엘 글 레슬리 뷔시커 그림	058	정조 대왕 김종렬 글 민은정 그림
029	백남준 공지희 글 김수박 그림	059	나폴레옹 보나파르트 남찬숙 글 남궁선하 그림
030	파스퇴르 캐런 월리스 글 레슬리 뷔시커 그림	060	이종욱 이은정 글 우지현 그림

061 **박완서** 유은실 글 이윤희 그림
062 **장기려** 유타루 글 정문주 그림
063 **김대건** 전현정 글 홍선주 그림
064 **권기옥** 강정연 글 오영은 그림
065 **왕가리 마타이** 남찬숙 글 윤정미 그림
066 **전형필** 김혜연 글 한지선 그림
067 **이중섭** 김유 글 김홍모 그림
068 **그레이스 호퍼** 박주혜 글 이해정 그림

* 계속 출간됩니다.